Fiestas

La Pascua

por R.J. Bailey

Bullfrog Books

Ideas para padres y maestros

Bullfrog Books permite a los niños practicar la lectura de texto informacional desde el nivel principiante. Repeticiones, palabras conocidas y descripciones en las imágenes ayudan a los lectores principiantes.

Antes de leer

- Hablen acerca de las fotografías. ¿Qué representan para ellos?
- Consulten juntos el glosario de fotografías. Lean las palabras y hablen de ellas.

Lean en libro

- "Caminen" a través del libro y observen las fotografías. Deje que el niño haga preguntas. Señale las descripciones en las imágenes.
- Lea el libro al niño, o deje que él o ella lo lea independientemente.

Después de leer

- Inspire a que el niño piense más. Pregunte: ¿Tu familia celebra la Pascua? ¿Qué tipo de cosas vez cuando es Pascua?

Bullfrog Books are published by Jump!
5357 Penn Avenue South
Minneapolis, MN 55419
www.jumplibrary.com

Library of Congress Cataloging-in-Publication Data

Names: Bailey, R.J., author.
Title: La pascua / R.J. Bailey.
Other titles: Passover. Spanish
Description: Minneapolis, Minnesota: Jump!, [2016]
Series: Fiestas | Ages 5–8, K to grade 3.
Previous title: Passover. | Includes index.
Identifiers: LCCN 2016016359 (print)
LCCN 2016016671 (ebook)
ISBN 9781620315101 (hardcover: alk. paper)
ISBN 9781620315255 (paperback)
ISBN 9781624964732 (ebook)
Subjects: LCSH: Passover—Juvenile literature.
Classification: LCC BM695.P3 B23518 2016 (print)
LCC BM695.P3 (ebook) | DDC 296.4/37—dc23
LC record available at https://lccn.loc.gov/2016016359

Editor: Kirsten Chang
Series Designer: Ellen Huber
Book Designer: Michelle Sonnek
Photo Researchers: Kirsten Chang & Michelle Sonnek
Translator: RAM Translations

Photo Credits: All photos by Shutterstock except: Adobe Stock, cover; Alamy, 4, 10, 19, 20–21, 23tr; Getty, 3; iStock, 1, 6–7, 22; Superstock, 8–9, 23bl.

Printed in the United States of America at Corporate Graphics in North Mankato, Minnesota.

Tabla de contenido

¿Qué es Pascua?

La Pascua es un día festivo judío.

Se lleva a cabo
en la primavera.

Dura ocho días.

¿Qué celebramos?

Que somos libres.

Los judíos eran esclavos.

Vivían en Egipto.

Pero Dios maldijo
la tierra.

El rey estaba asustado.

Dejó que los judíos se fueran.
Se fueron rápido.
El pan no se inflaba.

Nosotros recordamos esto.

¿Cómo?

Comemos matzah.

Es un pan plano.

Convivimos.

La cena se llama seder.

¿Quiénes son invitados?

Familia. Amigos.

Mamá saca un plato.

¡Mira! Tiene seis alimentos.

Cada uno tiene un significado especial.

Ann come sopa.

¿Qué lleva a dentro?

Bolas de matzah.

¡Qué rico!

bolas de
matzah

Papá dice una oración.
Él lee un libro.

Contiene historias.

Contiene canciones.

Cantamos.

Comemos.

¡Feliz Pascua!

Los símbolos de la cena de Pascua

huevo
El huevo es una ofrenda especial de los judíos días festivos.

rábano picante
Una planta amarga que les recuerda a los judíos de los tiempos difíciles en Egipto.

hueso de cordero
Los judíos mataron a un cordero cuando salieron de Egipto.

pasta dulce
Esta mezcla de frutas y nueces simboliza el mortero que los judíos utilizaron para construír las pirámides.

perejil
Hierba la cual se sumerge en agua salada que simboliza las lágrimas que los judíos lloraron cuando eran escalavos.

lechuga romana
Una segunda planta amarga sirve como un recordatorio adicional de los tiempos difíciles que los judíos experimentaron en Egipto.

Glosario con fotografías

Egipto
Un país en África del Norte.

Judío
Una persona que sigue la religión Judía y cree en un solo Dios.

esclavo
Personas que son obligados a trabajar para otra persona.

seder
La cena que los judíos comen en la primera o primeras dos noches de la Pascua.

Índice

Para aprender más

Aprender más es tan fácil como 1, 2, 3.

1) Visite www.factsurfer.com

2) Escriba "LaPascua" en la caja de búsqueda.

3) Haga clic en el botón "Surf" para obtener una lista de sitios web.

Con factsurfer.com, más información está a solo un clic de distancia.